MÉMOIRE

PRÉSENTÉ A M. LE MINISTRE DE LA GUERRE

PAR LE Dr LUCOT

ANCIEN MÉDECIN MILITAIRE, A CHAVROCHE (ALLIER)

SUR LA

GUÉRISON DES FIÈVRES QUARTES

ET DES FIÈVRES TIERCES REBELLES

- - - - - - -

MOULINS

IMPRIMERIE DE C. DESROSIERS

1874

MÉMOIRE

PRÉSENTÉ A M. LE MINISTRE DE LA GUERRE

PAR LE Dr LUCOT

ANCIEN MÉDECIN MILITAIRE, A CHAVROCHE (ALLIER)

SUR LA

GUÉRISON DES FIÈVRES QUARTES ET DES FIÈVRES TIERCES REBELLES

MÉMOIRE

PRÉSENTÉ A M. LE MINISTRE DE LA GUERRE

PAR LE Dr LUCOT

ANCIEN MÉDECIN MILITAIRE, A CHAVROCHE (ALLIER)

SUR LA

GUÉRISON DES FIÈVRES QUARTES ET FIÈVRES TIERCES REBELLES

MONSIEUR LE MINISTRE,

Le 23 juillet 1873, j'ai eu l'honneur de transmettre à **M. le Ministre de la Guerre** un Mémoire tendant à faire expérimenter dans les hôpitaux militaires un mode de guérison des *Fièvres quartes et des Fièvres tierces récidivées.*

M. le Ministre de la Guerre m'a fait l'honneur de me répondre, à la date du 4 décembre 1873, que mon Mémoire avait été soumis à l'appréciation du **Conseil de Santé**, lequel a exprimé l'avis que :
« Il n'y aurait lieu d'autoriser l'expérimentation du remède préconisé
« par le Dr Lucot, qu'autant que ce praticien aurait fait connaître
« confidentiellement sa préparation et appuierait sa demande de
« quelques observations cliniques propres à fixer sur le mode d'emploi
« et sur les résultats pratiques. »

Je vais essayer de me conformer à l'avis émis par le **Conseil de
Santé** et de dresser un nouveau Mémoire que j'ai l'honneur de soumettre à sa bienveillante et sagace appréciation.

Je le diviserai en six paragraphes ou chapitres : *Exposé des Faits. —
Composition de la préparation. — Mode d'action. — Mode d'emploi. —
Conclusion. — Observations.*

Mais avant, je crois devoir remettre sous les yeux du Conseil de
Santé le Mémoire que j'adressais le 23 juillet à M. le Ministre de la
Guerre ; il sera, en quelque sorte, comme le préambule et la conclu-
sion du présent rapport.

Ci le Mémoire à M. le Ministre de la Guerre :

MONSIEUR LE MINISTRE,

Permettez-moi de soumettre à votre haute appréciation un fait expéri-
mental qui, dans ma pensée, aurait pour l'armée le plus heureux résultat.
Il s'agit de la guérison des *Fièvres quartes et Fièvres tierces récidivées.*

Plus qu'à moi, Monsieur le Ministre, il vous est facile de juger du préju-
dice que causent à l'Etat ces affections si communes et si tenaces dans
l'armée.

Le nombre d'hommes, atteints de ces maladies, qui entrent aux hôpitaux
est considérable ; leur séjour dans les établissements hospitaliers d'une
longue durée ; et, presque toujours, pour la *Fièvre quarte* surtout, une
récidive à bref délai, nécessite une seconde et même une troisième entrée
à l'hôpital, suivies, la plupart du temps, d'un congé de convalescence de
trois mois. De là, pour le budget de la guerre, des frais énormes, une perte
de service considérable et l'absence de ces hommes au corps pendant la
convalescence.

C'est pour parer à ces graves inconvénients, que j'ai l'honneur, Monsieur
le Ministre, de vous exposer ce qui suit :

Depuis dix ans, j'expérimente un mode de guérison *des Fièvres quartes et
des Fièvres tierces récidivées*, et ce mode a justifié, et au-delà, mes espérances :
près de deux cents Fièvres du genre que je signale ont été guéries et, s'il y a eu
six ou *sept récidives*, elles ont été passagères et ont disparu pour ne plus
reparaître. Plusieurs des malades qui ont suivi mon traitement étaient

fébricitants depuis *dix* ou *quatorze mois,* malgré les soins auxquels ils avaient eu recours. En dépit de la longue durée de leur maladie, ils ont été guéris, aussi vite, aussi sûrement que les autres, chez lesquels l'invasion du mal était plus récente.

Le moyen que j'emploie est d'une application simple et facile. Les malades suivent le traitement, sans rien, ou presque rien changer à leurs habitudes ; ils continuent leur genre de vie ordinaire, même leurs travaux, et la durée du traitement n'excède que très-rarement *six jours.*

Plus de nécessité, alors, d'envoyer les hommes à l'hôpital ; leur guérison aurait lieu à l'infirmerie régimentaire, sans déplacement, sans régime spécial, sans frais et presque sans perte de temps. De là, Monsieur le Ministre, une économie dont l'importance ne saurait vous échapper.

Ce n'est, Monsieur le Ministre, affaire ni de métier ni de charlatanisme. Ancien médecin de l'armée, sorti le troisième au concours du Val-de-Grâce, inspiré par les leçons et les exemples des Maîtres d'une Ecole à laquelle je suis fier d'appartenir, j'ai toujours cherché à observer, et c'est le résultat de ces observations que j'ai l'honneur de vous soumettre.

Frappé de la quantité d'affections fébriles que j'avais vues dans l'armée, j'ai cherché patiemment le moyen de la délivrer de ce tribut si lourd payé à la maladie.

Arrivé au but tant cherché, je viens vous offrir, Monsieur le Ministre, d'expérimenter dans un des hôpitaux militaires qui me serait désigné. Sous les yeux d'une Commission, je ferais l'application de mon traitement sur un nombre donné de malades qu'on y enverrait, atteints *de Fièvres quartes et de Fièvres tierces récidivées ;* puis, l'expérience justifiant, j'en suis certain, les faits que je viens d'exposer, je m'empresserais de mettre ce moyen sûr de guérison à la disposition du Ministère de la Guerre.

Veuillez agréer, etc., etc.

Ceci posé, j'entre de suite en matière.

Exposé des Faits.

Frappé de l'inefficacité, malheureusement trop fréquente du sulfate de quinine dans les cas *de Fièvres quartes et de Fièvres tierces rebelles,* j'ai pensé à rechercher la cause de cette inefficacité et concurremment à remédier au défaut d'action de ce sel. Placé au centre de la France (département de l'Allier) ; dans une température qu'on peut regarder comme moyenne entre celle du Nord et celle du Midi ; dans une région humide, arrosée par des cours d'eau presque à sec en été ; au milieu d'une population agricole, exposée, par son genre de travail et ses habitudes, à toutes les causes génératrices des *Fièvres palustres,* j'étais dans de bonnes conditions pour observer.

Malgré les assainissements du sol amenés par une agriculture mieux entendue, malgré l'augmentation considérable de bien-être et de soins hygiéniques, suite nécessaire des progrès agricoles, les Fièvres paludéennes sont nombreuses, graves et tenaces chez nos colons et exercent encore de terribles ravages.

Certes, tous ceux qui sont frappés par le fléau ne paient pas de la vie l'intoxication qu'ils ont subie ; mais, bon nombre d'entre eux restent des mois entiers en proie à des accès fébriles périodiques, qui finissent par user leur organisme et les laissent débiles et inactifs. L'appauvrissement du sang, suite d'une nutrition incomplète et insuffisante, amenée par l'impuissance des organes digestifs frappés d'atonie, occasionne chez ces fébricitants des affections graves, telles que l'hydropisie et l'engorgement des viscères abdominaux ; la rate, surtout, acquiert souvent un volume incroyable. Cet état maladif, la langueur, la faiblesse qui en sont la conséquence, sont tout aussi redoutables que la Fièvre elle-même. C'est surtout le *type quarte* qui amène ce résultat par sa durée et par sa ténacité.

L'emploi méthodique et bien entendu du sulfate de quinine, même à haute dose et longtemps prolongé, ne suffit pas à dompter le mal ; la Fièvre disparaît pour un temps, très-court le plus souvent, récidive plusieurs fois, et le patient tombe dans cet état débile, anémique, dans cette constitution hydropique, si ce mot se peut employer, qui ne se modifient qu'avec les mois, sinon les années.

J'ai cru voir la raison de cette résistance au fébrifuge par excellence, dans cet état des organes digestifs. Le sel quinique, quelle qu'en soit la dose, est frappé d'impuissance par l'état de ces organes qui ne l'absorbent pas ou ne l'absorbent qu'avec une difficulté extrême et en quantité insuffisante. J'ai cru, en conséquence, qu'il fallait, au préalable, mettre les organes d'absorption dans un état convenable, et les forcer, pour ainsi dire, à assimiler le précieux extrait de l'écorce du Pérou. J'ai dirigé des expériences nombreuses de ce côté et le succès me paraît assuré.

Rien n'est donc mystérieux dans le mode de guérison que je demande à expérimenter publiquement : j'offre le résultat certain d'une expérience personnelle et d'un travail sérieux de près de dix années, qui doit rendre pratiquement des services considérables.

Composition de la préparation.

Après de nombreuses modifications, tant de forme que de nature et dont la description n'offre aucun intérêt, je me suis arrêté à une préparation invariable dans sa composition intime, toujours exactement dosée , ne renfermant *que des extraits végétaux*, *exempte d'arsenic, par conséquent, et de toute substance toxique*, proprement dite. Ce fébrifuge, préparé sous forme pilulaire, est d'une administration facile ; il n'a pas de goût désagréable ; et la pilule, étant petite, est avalée sans gêne par le malade. Il est à base de quinine , végétal , exempt de tout composé toxique ; et son emploi ne peut, en aucun cas, donner lieu aux moindres accidents. Il renferme une dose de sulfate de quinine, bien inférieure à celle qu'on fait ingérer dans les cas pathologiques qui nous occupent ; mais *l'adjonction*, *en quantité éprouvée par l'expérience et toujours constante*, *de substances purgatives et toniques spéciales*, augmente, au-delà de toute expression, l'action de cet héroïque médicament.

Le Conseil de Santé voudra bien comprendre, j'espère, que je ne puis en dire davantage sur la composition d'un médicament que je regarde comme mien et dont je désirerais garder la propriété jusqu'au jour où, l'expérience ayant prouvé son efficacité, j'en remettrais la formule complète.

Mode d'action.

Le mode d'action est complexe ainsi que l'indique l'exposé sommaire de sa composition.

Les substances purgatives, renfermées dans ces pilules, agissent sur tout le tube intestinal comme déplétives ; elles expulsent en partie le poison paludéen, .débarrassent les organes digestifs des produits morbides glaireux ou bilieux qui les encombrent, et les rendent impuissants. Cette soustraction faite à l'économie rend les vaisseaux absorbants plus avides, leur action devient plus énergique et le sulfate de quinine passe facilement dans la nutrition, alors qu'il n'eut pas été absorbé par la méthode ordinaire.

Les substances toniques, en relevant les forces digestives, permettent au malade de se nourrir dès le second jour et de continuer le traitement, sans fatigue, jusqu'à guérison, malgré des purgations chaque jour renouvelées.

L'action de ma préparation peut donc se résumer ainsi :

Evacuation quotidienne des produits organiques morbides ; tonicité rendue aux organes digestifs ; alimentation et nutrition possibles ; anéantissement des accès fébriles par l'absorption journalière, facile et sûre du sulfate de quinine.

Cette action est constante et prompte, quelle que soit la durée antérieure de la maladie. Qu'elle date de plusieurs semaines ou de plusieurs mois, il est excessivement rare qu'on soit obligé de *prolonger le traitement au-delà de six jours* ; la guérison ne m'a jamais fait défaut, et, depuis plus de dix ans, sept récidives ont nécessité une reprise dans la médication, qui, cette fois a pleinement réussi. Encore, dans un des cas, s'agissait-il d'une fièvre contractée au Mexique, datant de cinq ans et qui avait résisté à des traitements de six mois plusieurs fois renouvelés dans les hôpitaux militaires. Quinze jours de mon traitement ont suffi pour permettre au malade de reprendre ses travaux qu'il n'a pas interrompus depuis deux ans.

Mode d'emploi.

L'emploi de la préparation qui fait l'objet du présent Mémoire est simple et facile.

Trente pilules du poids de vingt-cinq centigrammes chacune suffisent pour le traitement. Ce traitement doit *nécessairement et sans exception*, commencer le lendemain de l'accès fébrile. Tous les matins, à jeûn, *pendant six jours,* le malade prend cinq pilules dans un peu d'eau additionnée d'une cuillerée à bouche d'eau-de-vie. Ces pilules sont prises consécutivement, sans interruption. Il doit s'abstenir rigoureusement de toute alimentation jusque vers midi, heure à laquelle il peut prendre un repas ordinaire : le soir, il se nourrit suivant ses habitudes. Le traitement ne nécessite aucune préparation, aucune précaution spéciales ; dans les cas ordinaires le malade peut même se livrer à ses occupations habituelles. Si une récidive se produisait, trois jours de reprise du traitement suffiraient à obtenir sa disparition. Il est inutile de recourir au quinquina ou à ses succédanées, une fois le traitement terminé : ce sera tout au plus une fois sur cinquante ou soixante cas.

Le prix du médicament que je présente est relativement minime, si l'on considère qu'il faut souvent faire ingérer une quantité énorme de sulfate de quinine au patient pour arriver à des résultats douteux, et surtout si l'on tient compte de la perte de temps que lui fait éprouver le traitement ordinaire.

A tous les points de vue le traitement que je préconise est donc avantageux.

Conclusions. — Résultats pratiques.

Pour l'armée, les résultats pratiques qui découlent de l'emploi de ce traitement, sont remarquables au double point de vue de l'économie et de la perte de temps et de service que fait éprouver à l'Etat tout soldat malade.

Six jours suffisant à obtenir la guérison, sans précautions spéciales, les hommes atteints *de Fièvres quartes ou de Fièvres tierces rebelles*, pourront être gardés à *l'infirmerie régimentaire*; là, sous la surveillance du médecin du corps de troupe, sans déplacement, sans dépense de journées d'hôpital, avec le régime alimentaire ordinaire, ils obtiendront une guérison facile et sans frais. L'encombrement des hôpitaux, surtout des ambulances des camps, sera de beaucoup diminué et le service en deviendra plus facile. Ce résultat sera surtout appréciable dans les garnisons dépourvues d'hôpitaux militaires, remplacés par des hospices civils, souvent étroits et peu en rapport avec la quantité de malades qu'on est forcé d'y entasser.

L'économie qu'on ferait ainsi sur les journées d'hôpital représente un chiffre considérable qui pèse lourdement et en pure perte sur le budget de la guerre. Et cette économie sera bien plus appréciable encore si, les fébricitants guéris, sans frais, sans quitter la caserne, reprennent leur service au bout de huit jours, évitant ainsi un séjour prolongé aux hôpitaux, et, surtout, un congé de convalescence dont les frais sont onéreux et dont la durée variable, mais toujours longue, prive l'armée des services d'un nombre d'hommes considérable.

Telles sont, Monsieur le Ministre, les considérations que j'ai l'honneur de présenter à votre haute et sage appréciation.

Observations.

Je termine ce Mémoire incomplet, bien que trop long déjà, par un tableau renfermant la nomenclature *des malades soignés et guéris*; j'y indique les quelques récidives que j'ai vues. Je traduis ma pensée par des chiffres seulement, la description de la maladie ne présentant aucun intérêt clinique, non plus que les péripéties du traitement, qui marche toujours, d'un pas égal, vers la guérison, qui s'obtient en six jours, sans que pendant ce laps de temps on remarque rien de particulier. Le tableau ci-joint n'offre donc d'intéressant que la durée de la maladie antérieure au traitement, et montre que, quelle que soit cette durée, la guérison est la terminaison ordinaire.

Il est utile de dire que tous ou presque tous les malades avaient subi un traitement antérieur à celui auquel je les ai soumis.

NOMS des MALADES.	AGE.	SEXE.	NOMS DES COMMUNES habitées par les malades.	DURÉE de la MALADIE.	GENRE DE FIÈVRE.*	DATE du TRAITEMENT.	RÉSULTAT.
Année 1863.							
Vincent.	26 ans.	H.	Chavroche.	5 mois.	F. Q.	9 août.	Guéri.
Chomet.	36 ans.	H.	Trezelles.	7 mois.	F. Q.	30 août.	Guéri.
Boutonnat.	22 ans.	H.	Sorbier.	3 mois.	F. Q.	15 septembre.	Guéri.
Hierle.	17 ans.	H.	Vaumas.	14 mois.	F. Q.	22 septembre.	Guéri.
Dagnet.	7 ans.	H.	Chavroche.	2 mois.	F. T.	26 septembre.	Récidive. Guéri.
Melleret.	21 ans.	H.	Varennes-s.-Têche	4 mois.	F. T.	29 septembre.	Guéri.
Ayme.	40 ans.	H.	St-Gerand-de-Vaux.	3 mois.	F. Q.	7 octobre.	Guéri.
James.	43 ans.	F.	Vaumas.	5 mois.	F. Q.	23 octobre.	Guéri.
Pejoux.	21 ans.	F.	Chavroche.	2 mois.	F. Q.	19 décembre.	Guéri.
Année 1864.							
Chicot.	13 ans.	H.	Saint-Voir.	6 mois.	F. Q.	21 janvier.	Guéri.
Armand.	36 ans.	H.	Vaumas.	3 mois.	F. Q.	5 mars.	Guéri.
La Motte.	30 ans.	F.	Gouise.	9 mois.	F. Q.	4 mai.	Guéri.
Riffier.	14 ans.	F.	Trezelles.	2 mois.	F. Q.	6 juin.	Guéri.
Castel.	45 ans.	H.	Trezelles.	1 mois.	F. Q.	8 octobre.	Guéri.
Année 1865.							
Dorard.	35 ans.	H.	Mercy.	8 mois.	F. Q.	29 janvier.	Guéri.
Oger.	26 ans.	H.	Chavroche.	1 mois.	F. Q.	1er février.	Guéri.
Riffier.	38 ans.	H.	Trezelles.	15 jours.	F. Q.	1er février.	Guéri.
Montperthuis.	39 ans.	F.	Trezelles.	18 jours.	F Q.	30 avril.	Guéri.
Baudet.	24 ans	H.	Vaumas.	4 mois.	F. Q.	12 juillet.	Récidive. Guéri
Chignol.	23 ans.	H.	Treteau.	1 mois.	F. Q.	16 septembre.	Guéri.
Chassinepierre	20 ans.	H.	Châtelperron.	2 mois.	F. Q.	17 septembre	Guéri.
Chignol.	5 ans.	F.	Treteau.	1 mois.	F. T.	5 octobre.	Guéri.
Chartier.	30 ans.	F.	Sorbier.	3 mois.	F. Q.	5 novembre.	Guéri.
Bourdot.	28 ans.	H.	Saint-Pourçain.	8 mois.	F. Q.	29 décembre.	Guéri.
Année 1866.							
Guéret.	32 ans.	H.	Saint-Voir.	5 mois.	F. Q.	18 avril.	Guéri.
Fossé.	28 ans.	F.	Vaumas.	7 mois.	F. Q.	29 septembre.	Guéri.
Deschamps.	23 ans.	H.	Thiel.	13 mois.	F. Q.	10 octobre.	Guéri.
Bouvier.	26 ans.	H.	Chavroche.	28 jours.	F. T.	15 novembre.	Guéri.
Langlois.	30 ans.	H.	Treteau.	2 mois.	F. T.	12 décembre.	Guéri.
Corsins.	24 ans.	H.	Vaumas.	4 mois.	F. Q.	13 décembre.	Guéri.
Année 1867.							
Montenier.	19 ans.	H.	Vaumas.	4 mois.	F. Q.	3 février.	Guéri.
Ladame.	18 ans.	F.	St-Gerand-de-Vaux.	6 mois.	F. T.	30 mai.	Guéri.
Gilbert.	32 ans.	H.	Saint-Voir.	2 mois.	F. Q.	8 octobre.	Guéri.
Hamelin.	25 ans.	H.	Vaumas.	7 mois.	F. Q.	8 novembre.	Guéri.
Forestier.	27 ans.	H.	Treteau.	3 mois.	F. T.	10 novembre.	Guéri.
Année 1868.							
Lonzat.	23 ans.	H.	Jaligny.	1 mois.	F. Q.	7 janvier.	Guéri.
Sallard	24 ans.	F.	Treteau.	2 mois.	F. T.	26 janvier.	Guéri.
Lonzat.	7 ans.	H.	Jaligny.	1 mois.	F. Q.	1er mars.	Guéri.
Guilleautot.	40 ans.	F.	Saint-Voir.	3 mois.	F. T.	16 septembre.	Guéri.
Florêt.	28 ans.	H.	Thionne.	3 mois.	F. Q.	29 novembre.	Récidive. Guéri

* Je désigne par F. Q. les fièvres quartes et par F. T. les fièvres tierces.

NOMS des MALADES.	AGE.	SEXE.	NOMS DES COMMUNES habitées par les malades.	DURÉE de la MALADIE.	GENRE DE FIÈVRE.	DATE du TRAITEMENT.	RÉSULTAT.
	**Année 1869.**						
Lissandre.	20 ans.	H.	Sorbier.	1 mois 1/2	F. Q.	2 mars.	Guéri.
Florêt.	6 ans.	H.	Thionne.	1 mois	F. Q.	9 mars.	Guéri.
Imbert.	12 ans.	F.	Saint-Voir.	3 mois.	F. Q.	7 novembre.	Guéri.
Mandin.	28 ans	H.	Bert.	5 mois.	F. Q.	27 décembre.	Guéri.
Chaunier.	36 ans.	H.	St-Pourçain-s-Besb.	8 mois.	F. Q.	30 décembre.	Guéri.
	**Année 1871.**						
Guillié.	12 ans.	H.	Thionne.	3 mois.	F. Q	5 mars	Guéri.
Cibaud.	44 ans.	H.	Sorbier (Vient du Mexique.)	5 ans.	F. T.	8 juillet.	Récidive. Guéri.
Baudet.	13 ans.	H.	Vaumas.	3 mois.	F. Q.	18 juillet.	Guéri.
Barat.	19 ans.	H.	Treteau.	2 mois 1/2	F. T.	3 octobre.	Guéri.
Roche.	18 ans.	H.	Trezelles.	1 mois 1/2	F. T.	9 octobre.	Guéri.
Diot.	36 ans.	H.	Chavroche.	1 mois.	F. Q.	28 octobre.	Guéri.
Verrier.	32 ans.	H.	Saligny.	8 mois.	F. Q.	5 novembre.	Guéri.
Bouserot.	23 ans.	F.	Saint-Voir.	4 mois.	F. Q.	11 novembre.	Récidive. Guéri.
Valty.	58 ans.	H.	Trezelles.	2 mois.	F. T.	22 novembre.	Guéri.
Duclervoir.	32 ans.	H.	Trezelles.	3 mois.	F. Q.	23 décembre.	Guéri.
	**Année 1872.**						
Perrot.	30 ans.	H.	Saint-Voir.	5 mois.	F. Q.	1er février.	Guéri.
Papon.	12 ans.	F.	Sorbier.	3 mois.	F. Q.	18 février.	Guéri.
Tissier.	13 ans.	H.	Loddes.	13 mois.	F. Q.	12 septembre.	Guéri.
Devaux.	60 ans.	H.	Chavroche.	4 mois.	F. T.	15 septembre.	Guéri.
Thurier.	34 ans.	H.	Saligny.	5 mois.	F. Q.	4 octobre.	Guéri.
Beurrier.	17 ans.	H.	Sorbier.	6 mois.	F. Q.	8 octobre.	Récidive. Guéri.
La Motte.	39 ans.	H.	Gouise.	2 mois.	F. Q.	29 décembre.	Guéri.
	**Année 1873.**						
Meunier.	36 ans.	H.	Saint-Voir.	2 mois.	F. Q.	24 février.	Guéri.
Chabert.	14 ans.	F.	Saint-Voir.	4 mois.	F. Q.	4 avril.	Guéri.
Audibert.	56 ans.	H.	Sorbier.	3 mois.	F. Q	2 juin.	Guéri.
Gaulmin.	19 ans.	H.	Cindré.	1 mois 1/2	F. T.	16 juin.	Guéri.
Thomechoux.	6 ans.	H.	Chavroche.	1 mois.	F. T.	25 juin.	Guéri.
Perrichon.	16 ans.	H.	Sorbier.	5 mois.	F. Q.	29 juin.	Guéri.
Chérasse.	40 ans.	H.	Thionne.	3 mois.	F. Q.	2 juillet.	Guéri.
Chérasse (fils).	17 ans.	H.	Thionne.	4 mois.	F. Q.	10 juillet.	Récidive. Guéri.
Pelletier.	12 ans.	H.	Chavroche.	1 mois 1/2	F. T.	10 juillet.	Guéri.
Bert.	23 ans.	H.	Saint-Voir.	7 mois.	F. Q.	11 juillet.	Guéri.
Bichonnet.	33 ans.	F.	Thionne.	30 mois.	F. Q.	17 août	Guéri.
Tocquant.	41 ans.	F	Chavroche.	3 mois.	F. T.	28 août.	Guéri.
Tain.	28 ans.	H.	Vaumas.	8 mois.	F. Q.	3 septembre.	Guéri.
Chavenon.	11 ans.	H.	Saint-Voir.	3 mois.	F. Q.	3 septembre.	Guéri.
Jeudi.	29 ans.	F.	Cindré.	5 mois.	F. Q.	22 septembre.	Guéri.
Jeudi.	20 ans.	F.	Cindré.	4 mois.	F. Q.	22 septembre.	Guéri.
Guilleautot.	17 ans.	H	Saint-Voir.	2 mois.	F. Q.	8 octobre.	Guéri.
Douillon.	9 ans.	H.	Thionne.	3 mois.	F. T.	24 octobre.	Guéri.
Rambault.	22 ans.	H.	Versailles. (Soldat en congé.)	8 mois.	F. Q.	8 novembre	Guéri.
Goutte.	5 ans.	H.	Thionne.	5 mois.	F. Q.	29 novembre.	Guéri.
Prugnaud.	18 ans.	H.	Thionne.	3 mois.	F. Q.	29 novembre.	Guéri.
Clayeux.	11 mois.	F.	Thionne.	1 mois.	F. Q.	30 novembre	Guéri.

Tableau récapitulatif.

NATURE DES FIÈVRES.	NOMBRE DE FIÈVRES.	DURÉE DE LA MALADIE MOYENNE de toutes les fièvres traitées.	NOMBRE DE GUÉRISONS	NOMBRE DE RÉCIDIVES suivies de guérison.
Fièvres quartes.....	65	4 mois 1/2.	60	5
Fièvres tierces rebelles..........	19	2 mois 1/2. *	17	2

* Une fièvre tierce rebelle de 5 ans, venant du Mexique, n'est pas comprise dans cette moyenne.

Les tableaux précédents ne renferment pas le nombre total des malades soignés et guéris ; mais seulement les noms et observations de ceux sur lesquels existent des renseignements complets.

Dr LUCOT.

Moulins, imprimerie de C. Desrosiers.

www.ingramcontent.com/pod-product-compliance
Lightning Source LLC
Chambersburg PA
CBHW060204070426
42447CB00033B/2590